This book belongs to

____

ACCOUNTING LEDGER

Month: ______________ Sheet Number: ______________

No.	Date	Account	Memo	Debit	Credit	Balance
1						
2						
3						
4						
5						
6						
7						
8						
9						
10						
11						
12						
13						
14						
15						
16						
17						
18						
19						
20						
21						
22						
23						
24						
25						
26						
27						
28						
29						
30						
31						

ACCOUNTING LEDGER

Month: ____________ Sheet Number: ____________

No.	Date	Account	Memo	Debit	Credit	Balance
1						
2						
3						
4						
5						
6						
7						
8						
9						
10						
11						
12						
13						
14						
15						
16						
17						
18						
19						
20						
21						
22						
23						
24						
25						
26						
27						
28						
29						
30						
31						

ACCOUNTING LEDGER

Month: ____________ Sheet Number: ____________

No.	Date	Account	Memo	Debit	Credit	Balance
1						
2						
3						
4						
5						
6						
7						
8						
9						
10						
11						
12						
13						
14						
15						
16						
17						
18						
19						
20						
21						
22						
23						
24						
25						
26						
27						
28						
29						
30						
31						

ACCOUNTING LEDGER

Month: ____________ Sheet Number: ____________

No.	Date	Account	Memo	Debit	Credit	Balance
1						
2						
3						
4						
5						
6						
7						
8						
9						
10						
11						
12						
13						
14						
15						
16						
17						
18						
19						
20						
21						
22						
23						
24						
25						
26						
27						
28						
29						
30						
31						

ACCOUNTING LEDGER

Month: ____________ Sheet Number: ____________

No.	Date	Account	Memo	Debit	Credit	Balance
1						
2						
3						
4						
5						
6						
7						
8						
9						
10						
11						
12						
13						
14						
15						
16						
17						
18						
19						
20						
21						
22						
23						
24						
25						
26						
27						
28						
29						
30						
31						

ACCOUNTING LEDGER

Month: ____________ Sheet Number: ____________

No.	Date	Account	Memo	Debit	Credit	Balance
1						
2						
3						
4						
5						
6						
7						
8						
9						
10						
11						
12						
13						
14						
15						
16						
17						
18						
19						
20						
21						
22						
23						
24						
25						
26						
27						
28						
29						
30						
31						

ACCOUNTING LEDGER

Month: ______________ Sheet Number: ______________

No.	Date	Account	Memo	Debit	Credit	Balance
1						
2						
3						
4						
5						
6						
7						
8						
9						
10						
11						
12						
13						
14						
15						
16						
17						
18						
19						
20						
21						
22						
23						
24						
25						
26						
27						
28						
29						
30						
31						

ACCOUNTING LEDGER

Month: ____________ Sheet Number: ____________

No.	Date	Account	Memo	Debit	Credit	Balance
1						
2						
3						
4						
5						
6						
7						
8						
9						
10						
11						
12						
13						
14						
15						
16						
17						
18						
19						
20						
21						
22						
23						
24						
25						
26						
27						
28						
29						
30						
31						

ACCOUNTING LEDGER

Month: ____________ Sheet Number: ____________

No.	Date	Account	Memo	Debit	Credit	Balance
1						
2						
3						
4						
5						
6						
7						
8						
9						
10						
11						
12						
13						
14						
15						
16						
17						
18						
19						
20						
21						
22						
23						
24						
25						
26						
27						
28						
29						
30						
31						

ACCOUNTING LEDGER

Month: ____________ Sheet Number: ____________

No.	Date	Account	Memo	Debit	Credit	Balance
1						
2						
3						
4						
5						
6						
7						
8						
9						
10						
11						
12						
13						
14						
15						
16						
17						
18						
19						
20						
21						
22						
23						
24						
25						
26						
27						
28						
29						
30						
31						

ACCOUNTING LEDGER

Month: ____________________ Sheet Number: ____________________

No.	Date	Account	Memo	Debit	Credit	Balance
1						
2						
3						
4						
5						
6						
7						
8						
9						
10						
11						
12						
13						
14						
15						
16						
17						
18						
19						
20						
21						
22						
23						
24						
25						
26						
27						
28						
29						
30						
31						

ACCOUNTING LEDGER

Month: ______________ Sheet Number: ______________

No.	Date	Account	Memo	Debit	Credit	Balance
1						
2						
3						
4						
5						
6						
7						
8						
9						
10						
11						
12						
13						
14						
15						
16						
17						
18						
19						
20						
21						
22						
23						
24						
25						
26						
27						
28						
29						
30						
31						

ACCOUNTING LEDGER

Month: ____________ Sheet Number: ____________

No.	Date	Account	Memo	Debit	Credit	Balance
1						
2						
3						
4						
5						
6						
7						
8						
9						
10						
11						
12						
13						
14						
15						
16						
17						
18						
19						
20						
21						
22						
23						
24						
25						
26						
27						
28						
29						
30						
31						

ACCOUNTING LEDGER

Month: ____________ Sheet Number: ____________

No.	Date	Account	Memo	Debit	Credit	Balance
1						
2						
3						
4						
5						
6						
7						
8						
9						
10						
11						
12						
13						
14						
15						
16						
17						
18						
19						
20						
21						
22						
23						
24						
25						
26						
27						
28						
29						
30						
31						

ACCOUNTING LEDGER

Month: ____________ Sheet Number: ____________

No.	Date	Account	Memo	Debit	Credit	Balance
1						
2						
3						
4						
5						
6						
7						
8						
9						
10						
11						
12						
13						
14						
15						
16						
17						
18						
19						
20						
21						
22						
23						
24						
25						
26						
27						
28						
29						
30						
31						

ACCOUNTING LEDGER

Month: ______________ Sheet Number: ______________

No.	Date	Account	Memo	Debit	Credit	Balance
1						
2						
3						
4						
5						
6						
7						
8						
9						
10						
11						
12						
13						
14						
15						
16						
17						
18						
19						
20						
21						
22						
23						
24						
25						
26						
27						
28						
29						
30						
31						

ACCOUNTING LEDGER

Month: ____________ Sheet Number: ____________

No.	Date	Account	Memo	Debit	Credit	Balance
1						
2						
3						
4						
5						
6						
7						
8						
9						
10						
11						
12						
13						
14						
15						
16						
17						
18						
19						
20						
21						
22						
23						
24						
25						
26						
27						
28						
29						
30						
31						

ACCOUNTING LEDGER

Month: ____________ Sheet Number: ____________

No.	Date	Account	Memo	Debit	Credit	Balance
1						
2						
3						
4						
5						
6						
7						
8						
9						
10						
11						
12						
13						
14						
15						
16						
17						
18						
19						
20						
21						
22						
23						
24						
25						
26						
27						
28						
29						
30						
31						

ACCOUNTING LEDGER

Month: ______________ Sheet Number: ______________

No.	Date	Account	Memo	Debit	Credit	Balance
1						
2						
3						
4						
5						
6						
7						
8						
9						
10						
11						
12						
13						
14						
15						
16						
17						
18						
19						
20						
21						
22						
23						
24						
25						
26						
27						
28						
29						
30						
31						

ACCOUNTING LEDGER

Month: ______________ Sheet Number: ______________

No.	Date	Account	Memo	Debit	Credit	Balance
1						
2						
3						
4						
5						
6						
7						
8						
9						
10						
11						
12						
13						
14						
15						
16						
17						
18						
19						
20						
21						
22						
23						
24						
25						
26						
27						
28						
29						
30						
31						

ACCOUNTING LEDGER

Month: ____________ Sheet Number: ____________

No.	Date	Account	Memo	Debit	Credit	Balance
1						
2						
3						
4						
5						
6						
7						
8						
9						
10						
11						
12						
13						
14						
15						
16						
17						
18						
19						
20						
21						
22						
23						
24						
25						
26						
27						
28						
29						
30						
31						

ACCOUNTING LEDGER

Month: ____________ Sheet Number: ____________

No.	Date	Account	Memo	Debit	Credit	Balance
1						
2						
3						
4						
5						
6						
7						
8						
9						
10						
11						
12						
13						
14						
15						
16						
17						
18						
19						
20						
21						
22						
23						
24						
25						
26						
27						
28						
29						
30						
31						

ACCOUNTING LEDGER

Month: ____________ Sheet Number: ____________

No.	Date	Account	Memo	Debit	Credit	Balance
1						
2						
3						
4						
5						
6						
7						
8						
9						
10						
11						
12						
13						
14						
15						
16						
17						
18						
19						
20						
21						
22						
23						
24						
25						
26						
27						
28						
29						
30						
31						

ACCOUNTING LEDGER

Month: ____________ Sheet Number: ____________

No.	Date	Account	Memo	Debit	Credit	Balance
1						
2						
3						
4						
5						
6						
7						
8						
9						
10						
11						
12						
13						
14						
15						
16						
17						
18						
19						
20						
21						
22						
23						
24						
25						
26						
27						
28						
29						
30						
31						

ACCOUNTING LEDGER

Month: ____________ Sheet Number: ____________

No.	Date	Account	Memo	Debit	Credit	Balance
1						
2						
3						
4						
5						
6						
7						
8						
9						
10						
11						
12						
13						
14						
15						
16						
17						
18						
19						
20						
21						
22						
23						
24						
25						
26						
27						
28						
29						
30						
31						

ACCOUNTING LEDGER

Month: ____________ Sheet Number: ____________

No.	Date	Account	Memo	Debit	Credit	Balance
1						
2						
3						
4						
5						
6						
7						
8						
9						
10						
11						
12						
13						
14						
15						
16						
17						
18						
19						
20						
21						
22						
23						
24						
25						
26						
27						
28						
29						
30						
31						

ACCOUNTING LEDGER

Month: ____________ Sheet Number: ____________

No.	Date	Account	Memo	Debit	Credit	Balance
1						
2						
3						
4						
5						
6						
7						
8						
9						
10						
11						
12						
13						
14						
15						
16						
17						
18						
19						
20						
21						
22						
23						
24						
25						
26						
27						
28						
29						
30						
31						

ACCOUNTING LEDGER

Month: ____________ Sheet Number: ____________

No.	Date	Account	Memo	Debit	Credit	Balance
1						
2						
3						
4						
5						
6						
7						
8						
9						
10						
11						
12						
13						
14						
15						
16						
17						
18						
19						
20						
21						
22						
23						
24						
25						
26						
27						
28						
29						
30						
31						

ACCOUNTING LEDGER

Month: ____________ Sheet Number: ____________

No.	Date	Account	Memo	Debit	Credit	Balance
1						
2						
3						
4						
5						
6						
7						
8						
9						
10						
11						
12						
13						
14						
15						
16						
17						
18						
19						
20						
21						
22						
23						
24						
25						
26						
27						
28						
29						
30						
31						

ACCOUNTING LEDGER

Month: ____________ Sheet Number: ____________

No.	Date	Account	Memo	Debit	Credit	Balance
1						
2						
3						
4						
5						
6						
7						
8						
9						
10						
11						
12						
13						
14						
15						
16						
17						
18						
19						
20						
21						
22						
23						
24						
25						
26						
27						
28						
29						
30						
31						

ACCOUNTING LEDGER

Month: ____________ Sheet Number: ____________

No.	Date	Account	Memo	Debit	Credit	Balance
1						
2						
3						
4						
5						
6						
7						
8						
9						
10						
11						
12						
13						
14						
15						
16						
17						
18						
19						
20						
21						
22						
23						
24						
25						
26						
27						
28						
29						
30						
31						

ACCOUNTING LEDGER

Month: ____________ Sheet Number: ____________

No.	Date	Account	Memo	Debit	Credit	Balance
1						
2						
3						
4						
5						
6						
7						
8						
9						
10						
11						
12						
13						
14						
15						
16						
17						
18						
19						
20						
21						
22						
23						
24						
25						
26						
27						
28						
29						
30						
31						

ACCOUNTING LEDGER

Month: ____________ Sheet Number: ____________

No.	Date	Account	Memo	Debit	Credit	Balance
1						
2						
3						
4						
5						
6						
7						
8						
9						
10						
11						
12						
13						
14						
15						
16						
17						
18						
19						
20						
21						
22						
23						
24						
25						
26						
27						
28						
29						
30						
31						

ACCOUNTING LEDGER

Month: ____________ Sheet Number: ____________

No.	Date	Account	Memo	Debit	Credit	Balance
1						
2						
3						
4						
5						
6						
7						
8						
9						
10						
11						
12						
13						
14						
15						
16						
17						
18						
19						
20						
21						
22						
23						
24						
25						
26						
27						
28						
29						
30						
31						

ACCOUNTING LEDGER

Month: ____________ Sheet Number: ____________

No.	Date	Account	Memo	Debit	Credit	Balance
1						
2						
3						
4						
5						
6						
7						
8						
9						
10						
11						
12						
13						
14						
15						
16						
17						
18						
19						
20						
21						
22						
23						
24						
25						
26						
27						
28						
29						
30						
31						

ACCOUNTING LEDGER

Month: ____________ Sheet Number: ____________

No.	Date	Account	Memo	Debit	Credit	Balance
1						
2						
3						
4						
5						
6						
7						
8						
9						
10						
11						
12						
13						
14						
15						
16						
17						
18						
19						
20						
21						
22						
23						
24						
25						
26						
27						
28						
29						
30						
31						

ACCOUNTING LEDGER

Month: ____________ Sheet Number: ____________

No.	Date	Account	Memo	Debit	Credit	Balance
1						
2						
3						
4						
5						
6						
7						
8						
9						
10						
11						
12						
13						
14						
15						
16						
17						
18						
19						
20						
21						
22						
23						
24						
25						
26						
27						
28						
29						
30						
31						

ACCOUNTING LEDGER

Month: ____________ Sheet Number: ____________

No.	Date	Account	Memo	Debit	Credit	Balance
1						
2						
3						
4						
5						
6						
7						
8						
9						
10						
11						
12						
13						
14						
15						
16						
17						
18						
19						
20						
21						
22						
23						
24						
25						
26						
27						
28						
29						
30						
31						

ACCOUNTING LEDGER

Month: ____________ **Sheet Number:** ____________

No.	Date	Account	Memo	Debit	Credit	Balance
1						
2						
3						
4						
5						
6						
7						
8						
9						
10						
11						
12						
13						
14						
15						
16						
17						
18						
19						
20						
21						
22						
23						
24						
25						
26						
27						
28						
29						
30						
31						

ACCOUNTING LEDGER

Month: ____________ Sheet Number: ____________

No.	Date	Account	Memo	Debit	Credit	Balance
1						
2						
3						
4						
5						
6						
7						
8						
9						
10						
11						
12						
13						
14						
15						
16						
17						
18						
19						
20						
21						
22						
23						
24						
25						
26						
27						
28						
29						
30						
31						

ACCOUNTING LEDGER

Month: ____________ Sheet Number: ____________

No.	Date	Account	Memo	Debit	Credit	Balance
1						
2						
3						
4						
5						
6						
7						
8						
9						
10						
11						
12						
13						
14						
15						
16						
17						
18						
19						
20						
21						
22						
23						
24						
25						
26						
27						
28						
29						
30						
31						

ACCOUNTING LEDGER

Month: ______________ Sheet Number: ______________

No.	Date	Account	Memo	Debit	Credit	Balance
1						
2						
3						
4						
5						
6						
7						
8						
9						
10						
11						
12						
13						
14						
15						
16						
17						
18						
19						
20						
21						
22						
23						
24						
25						
26						
27						
28						
29						
30						
31						

ACCOUNTING LEDGER

Month: ____________ Sheet Number: ____________

No.	Date	Account	Memo	Debit	Credit	Balance
1						
2						
3						
4						
5						
6						
7						
8						
9						
10						
11						
12						
13						
14						
15						
16						
17						
18						
19						
20						
21						
22						
23						
24						
25						
26						
27						
28						
29						
30						
31						

ACCOUNTING LEDGER

Month:

Sheet Number:

No.	Date	Account	Memo	Debit	Credit	Balance
1						
2						
3						
4						
5						
6						
7						
8						
9						
10						
11						
12						
13						
14						
15						
16						
17						
18						
19						
20						
21						
22						
23						
24						
25						
26						
27						
28						
29						
30						
31						

ACCOUNTING LEDGER

Month: ____________ Sheet Number: ____________

No.	Date	Account	Memo	Debit	Credit	Balance
1						
2						
3						
4						
5						
6						
7						
8						
9						
10						
11						
12						
13						
14						
15						
16						
17						
18						
19						
20						
21						
22						
23						
24						
25						
26						
27						
28						
29						
30						
31						

ACCOUNTING LEDGER

Month: ____________ Sheet Number: ____________

No.	Date	Account	Memo	Debit	Credit	Balance
1						
2						
3						
4						
5						
6						
7						
8						
9						
10						
11						
12						
13						
14						
15						
16						
17						
18						
19						
20						
21						
22						
23						
24						
25						
26						
27						
28						
29						
30						
31						

ACCOUNTING LEDGER

Month: ____________ Sheet Number: ____________

No.	Date	Account	Memo	Debit	Credit	Balance
1						
2						
3						
4						
5						
6						
7						
8						
9						
10						
11						
12						
13						
14						
15						
16						
17						
18						
19						
20						
21						
22						
23						
24						
25						
26						
27						
28						
29						
30						
31						

ACCOUNTING LEDGER

Month: ____________ Sheet Number: ____________

No.	Date	Account	Memo	Debit	Credit	Balance
1						
2						
3						
4						
5						
6						
7						
8						
9						
10						
11						
12						
13						
14						
15						
16						
17						
18						
19						
20						
21						
22						
23						
24						
25						
26						
27						
28						
29						
30						
31						

ACCOUNTING LEDGER

Month: ____________ Sheet Number: ____________

No.	Date	Account	Memo	Debit	Credit	Balance
1						
2						
3						
4						
5						
6						
7						
8						
9						
10						
11						
12						
13						
14						
15						
16						
17						
18						
19						
20						
21						
22						
23						
24						
25						
26						
27						
28						
29						
30						
31						

ACCOUNTING LEDGER

Month: ____________ Sheet Number: ____________

No.	Date	Account	Memo	Debit	Credit	Balance
1						
2						
3						
4						
5						
6						
7						
8						
9						
10						
11						
12						
13						
14						
15						
16						
17						
18						
19						
20						
21						
22						
23						
24						
25						
26						
27						
28						
29						
30						
31						

ACCOUNTING LEDGER

Month: ______________ **Sheet Number:** ______________

No.	Date	Account	Memo	Debit	Credit	Balance
1						
2						
3						
4						
5						
6						
7						
8						
9						
10						
11						
12						
13						
14						
15						
16						
17						
18						
19						
20						
21						
22						
23						
24						
25						
26						
27						
28						
29						
30						
31						

ACCOUNTING LEDGER

Month: ______________ Sheet Number: ______________

No.	Date	Account	Memo	Debit	Credit	Balance
1						
2						
3						
4						
5						
6						
7						
8						
9						
10						
11						
12						
13						
14						
15						
16						
17						
18						
19						
20						
21						
22						
23						
24						
25						
26						
27						
28						
29						
30						
31						

ACCOUNTING LEDGER

Month: ____________ Sheet Number: ____________

No.	Date	Account	Memo	Debit	Credit	Balance
1						
2						
3						
4						
5						
6						
7						
8						
9						
10						
11						
12						
13						
14						
15						
16						
17						
18						
19						
20						
21						
22						
23						
24						
25						
26						
27						
28						
29						
30						
31						

ACCOUNTING LEDGER

Month: ____________ Sheet Number: ____________

No.	Date	Account	Memo	Debit	Credit	Balance
1						
2						
3						
4						
5						
6						
7						
8						
9						
10						
11						
12						
13						
14						
15						
16						
17						
18						
19						
20						
21						
22						
23						
24						
25						
26						
27						
28						
29						
30						
31						

ACCOUNTING LEDGER

Month: ______________ **Sheet Number:** ______________

No.	Date	Account	Memo	Debit	Credit	Balance
1						
2						
3						
4						
5						
6						
7						
8						
9						
10						
11						
12						
13						
14						
15						
16						
17						
18						
19						
20						
21						
22						
23						
24						
25						
26						
27						
28						
29						
30						
31						

ACCOUNTING LEDGER

Month: ____________ Sheet Number: ____________

No.	Date	Account	Memo	Debit	Credit	Balance
1						
2						
3						
4						
5						
6						
7						
8						
9						
10						
11						
12						
13						
14						
15						
16						
17						
18						
19						
20						
21						
22						
23						
24						
25						
26						
27						
28						
29						
30						
31						

ACCOUNTING LEDGER

Month: ____________ Sheet Number: ____________

No.	Date	Account	Memo	Debit	Credit	Balance
1						
2						
3						
4						
5						
6						
7						
8						
9						
10						
11						
12						
13						
14						
15						
16						
17						
18						
19						
20						
21						
22						
23						
24						
25						
26						
27						
28						
29						
30						
31						

ACCOUNTING LEDGER

Month: ____________ Sheet Number: ____________

No.	Date	Account	Memo	Debit	Credit	Balance
1						
2						
3						
4						
5						
6						
7						
8						
9						
10						
11						
12						
13						
14						
15						
16						
17						
18						
19						
20						
21						
22						
23						
24						
25						
26						
27						
28						
29						
30						
31						

ACCOUNTING LEDGER

Month: ________________ Sheet Number: ________________

No.	Date	Account	Memo	Debit	Credit	Balance
1						
2						
3						
4						
5						
6						
7						
8						
9						
10						
11						
12						
13						
14						
15						
16						
17						
18						
19						
20						
21						
22						
23						
24						
25						
26						
27						
28						
29						
30						
31						

ACCOUNTING LEDGER

Month: ____________ Sheet Number: ____________

No.	Date	Account	Memo	Debit	Credit	Balance
1						
2						
3						
4						
5						
6						
7						
8						
9						
10						
11						
12						
13						
14						
15						
16						
17						
18						
19						
20						
21						
22						
23						
24						
25						
26						
27						
28						
29						
30						
31						

ACCOUNTING LEDGER

Month: ____________ Sheet Number: ____________

No.	Date	Account	Memo	Debit	Credit	Balance
1						
2						
3						
4						
5						
6						
7						
8						
9						
10						
11						
12						
13						
14						
15						
16						
17						
18						
19						
20						
21						
22						
23						
24						
25						
26						
27						
28						
29						
30						
31						

ACCOUNTING LEDGER

Month: ____________ Sheet Number: ____________

No.	Date	Account	Memo	Debit	Credit	Balance
1						
2						
3						
4						
5						
6						
7						
8						
9						
10						
11						
12						
13						
14						
15						
16						
17						
18						
19						
20						
21						
22						
23						
24						
25						
26						
27						
28						
29						
30						
31						

ACCOUNTING LEDGER

Month: ____________ Sheet Number: ____________

No.	Date	Account	Memo	Debit	Credit	Balance
1						
2						
3						
4						
5						
6						
7						
8						
9						
10						
11						
12						
13						
14						
15						
16						
17						
18						
19						
20						
21						
22						
23						
24						
25						
26						
27						
28						
29						
30						
31						

ACCOUNTING LEDGER

Month: ____________ Sheet Number: ____________

No.	Date	Account	Memo	Debit	Credit	Balance
1						
2						
3						
4						
5						
6						
7						
8						
9						
10						
11						
12						
13						
14						
15						
16						
17						
18						
19						
20						
21						
22						
23						
24						
25						
26						
27						
28						
29						
30						
31						

ACCOUNTING LEDGER

Month: ____________ Sheet Number: ____________

No.	Date	Account	Memo	Debit	Credit	Balance
1						
2						
3						
4						
5						
6						
7						
8						
9						
10						
11						
12						
13						
14						
15						
16						
17						
18						
19						
20						
21						
22						
23						
24						
25						
26						
27						
28						
29						
30						
31						

ACCOUNTING LEDGER

Month: ____________ Sheet Number: ____________

No.	Date	Account	Memo	Debit	Credit	Balance
1						
2						
3						
4						
5						
6						
7						
8						
9						
10						
11						
12						
13						
14						
15						
16						
17						
18						
19						
20						
21						
22						
23						
24						
25						
26						
27						
28						
29						
30						
31						

ACCOUNTING LEDGER

Month: ____________________ Sheet Number: ____________________

No.	Date	Account	Memo	Debit	Credit	Balance
1						
2						
3						
4						
5						
6						
7						
8						
9						
10						
11						
12						
13						
14						
15						
16						
17						
18						
19						
20						
21						
22						
23						
24						
25						
26						
27						
28						
29						
30						
31						

ACCOUNTING LEDGER

Month: ____________________ Sheet Number: ______________________________

No.	Date	Account	Memo	Debit	Credit	Balance
1						
2						
3						
4						
5						
6						
7						
8						
9						
10						
11						
12						
13						
14						
15						
16						
17						
18						
19						
20						
21						
22						
23						
24						
25						
26						
27						
28						
29						
30						
31						

ACCOUNTING LEDGER

Month: ____________ Sheet Number: ____________

No.	Date	Account	Memo	Debit	Credit	Balance
1						
2						
3						
4						
5						
6						
7						
8						
9						
10						
11						
12						
13						
14						
15						
16						
17						
18						
19						
20						
21						
22						
23						
24						
25						
26						
27						
28						
29						
30						
31						

ACCOUNTING LEDGER

Month: ____________ Sheet Number: ____________

No.	Date	Account	Memo	Debit	Credit	Balance
1						
2						
3						
4						
5						
6						
7						
8						
9						
10						
11						
12						
13						
14						
15						
16						
17						
18						
19						
20						
21						
22						
23						
24						
25						
26						
27						
28						
29						
30						
31						

ACCOUNTING LEDGER

Month: ____________ Sheet Number: ____________

No.	Date	Account	Memo	Debit	Credit	Balance
1						
2						
3						
4						
5						
6						
7						
8						
9						
10						
11						
12						
13						
14						
15						
16						
17						
18						
19						
20						
21						
22						
23						
24						
25						
26						
27						
28						
29						
30						
31						

ACCOUNTING LEDGER

Month: ____________ Sheet Number: ____________

No.	Date	Account	Memo	Debit	Credit	Balance
1						
2						
3						
4						
5						
6						
7						
8						
9						
10						
11						
12						
13						
14						
15						
16						
17						
18						
19						
20						
21						
22						
23						
24						
25						
26						
27						
28						
29						
30						
31						

ACCOUNTING LEDGER

Month: ____________________ Sheet Number: ____________________

No.	Date	Account	Memo	Debit	Credit	Balance
1						
2						
3						
4						
5						
6						
7						
8						
9						
10						
11						
12						
13						
14						
15						
16						
17						
18						
19						
20						
21						
22						
23						
24						
25						
26						
27						
28						
29						
30						
31						

ACCOUNTING LEDGER

Month: ____________ Sheet Number: ____________

No.	Date	Account	Memo	Debit	Credit	Balance
1						
2						
3						
4						
5						
6						
7						
8						
9						
10						
11						
12						
13						
14						
15						
16						
17						
18						
19						
20						
21						
22						
23						
24						
25						
26						
27						
28						
29						
30						
31						

ACCOUNTING LEDGER

Month: ____________ Sheet Number: ____________

No.	Date	Account	Memo	Debit	Credit	Balance
1						
2						
3						
4						
5						
6						
7						
8						
9						
10						
11						
12						
13						
14						
15						
16						
17						
18						
19						
20						
21						
22						
23						
24						
25						
26						
27						
28						
29						
30						
31						

ACCOUNTING LEDGER

Month: ____________ Sheet Number: ____________

No.	Date	Account	Memo	Debit	Credit	Balance
1						
2						
3						
4						
5						
6						
7						
8						
9						
10						
11						
12						
13						
14						
15						
16						
17						
18						
19						
20						
21						
22						
23						
24						
25						
26						
27						
28						
29						
30						
31						

ACCOUNTING LEDGER

Month: ______________ Sheet Number: ______________

No.	Date	Account	Memo	Debit	Credit	Balance
1						
2						
3						
4						
5						
6						
7						
8						
9						
10						
11						
12						
13						
14						
15						
16						
17						
18						
19						
20						
21						
22						
23						
24						
25						
26						
27						
28						
29						
30						
31						

ACCOUNTING LEDGER

Month: ____________ Sheet Number: ____________

No.	Date	Account	Memo	Debit	Credit	Balance
1						
2						
3						
4						
5						
6						
7						
8						
9						
10						
11						
12						
13						
14						
15						
16						
17						
18						
19						
20						
21						
22						
23						
24						
25						
26						
27						
28						
29						
30						
31						

ACCOUNTING LEDGER

Month: ____________ Sheet Number: ____________

No.	Date	Account	Memo	Debit	Credit	Balance
1						
2						
3						
4						
5						
6						
7						
8						
9						
10						
11						
12						
13						
14						
15						
16						
17						
18						
19						
20						
21						
22						
23						
24						
25						
26						
27						
28						
29						
30						
31						

ACCOUNTING LEDGER

Month: ____________ Sheet Number: ____________

No.	Date	Account	Memo	Debit	Credit	Balance
1						
2						
3						
4						
5						
6						
7						
8						
9						
10						
11						
12						
13						
14						
15						
16						
17						
18						
19						
20						
21						
22						
23						
24						
25						
26						
27						
28						
29						
30						
31						

ACCOUNTING LEDGER

Month: ____________ Sheet Number: ____________

No.	Date	Account	Memo	Debit	Credit	Balance
1						
2						
3						
4						
5						
6						
7						
8						
9						
10						
11						
12						
13						
14						
15						
16						
17						
18						
19						
20						
21						
22						
23						
24						
25						
26						
27						
28						
29						
30						
31						

ACCOUNTING LEDGER

Month: ____________ Sheet Number: ____________

No.	Date	Account	Memo	Debit	Credit	Balance
1						
2						
3						
4						
5						
6						
7						
8						
9						
10						
11						
12						
13						
14						
15						
16						
17						
18						
19						
20						
21						
22						
23						
24						
25						
26						
27						
28						
29						
30						
31						

ACCOUNTING LEDGER

Month: ____________ Sheet Number: ____________

No.	Date	Account	Memo	Debit	Credit	Balance
1						
2						
3						
4						
5						
6						
7						
8						
9						
10						
11						
12						
13						
14						
15						
16						
17						
18						
19						
20						
21						
22						
23						
24						
25						
26						
27						
28						
29						
30						
31						

ACCOUNTING LEDGER

Month: ____________ Sheet Number: ____________

No.	Date	Account	Memo	Debit	Credit	Balance
1						
2						
3						
4						
5						
6						
7						
8						
9						
10						
11						
12						
13						
14						
15						
16						
17						
18						
19						
20						
21						
22						
23						
24						
25						
26						
27						
28						
29						
30						
31						

ACCOUNTING LEDGER

Month: ______________ Sheet Number: ______________

No.	Date	Account	Memo	Debit	Credit	Balance
1						
2						
3						
4						
5						
6						
7						
8						
9						
10						
11						
12						
13						
14						
15						
16						
17						
18						
19						
20						
21						
22						
23						
24						
25						
26						
27						
28						
29						
30						
31						

ACCOUNTING LEDGER

Month: ____________ Sheet Number: ____________

No.	Date	Account	Memo	Debit	Credit	Balance
1						
2						
3						
4						
5						
6						
7						
8						
9						
10						
11						
12						
13						
14						
15						
16						
17						
18						
19						
20						
21						
22						
23						
24						
25						
26						
27						
28						
29						
30						
31						

ACCOUNTING LEDGER

Month: ____________ Sheet Number: ____________

No.	Date	Account	Memo	Debit	Credit	Balance
1						
2						
3						
4						
5						
6						
7						
8						
9						
10						
11						
12						
13						
14						
15						
16						
17						
18						
19						
20						
21						
22						
23						
24						
25						
26						
27						
28						
29						
30						
31						

ACCOUNTING LEDGER

Month: ____________ Sheet Number: ____________

No.	Date	Account	Memo	Debit	Credit	Balance
1						
2						
3						
4						
5						
6						
7						
8						
9						
10						
11						
12						
13						
14						
15						
16						
17						
18						
19						
20						
21						
22						
23						
24						
25						
26						
27						
28						
29						
30						
31						

ACCOUNTING LEDGER

Month: ____________ Sheet Number: ____________

No.	Date	Account	Memo	Debit	Credit	Balance
1						
2						
3						
4						
5						
6						
7						
8						
9						
10						
11						
12						
13						
14						
15						
16						
17						
18						
19						
20						
21						
22						
23						
24						
25						
26						
27						
28						
29						
30						
31						

ACCOUNTING LEDGER

Month: ____________ Sheet Number: ____________

No.	Date	Account	Memo	Debit	Credit	Balance
1						
2						
3						
4						
5						
6						
7						
8						
9						
10						
11						
12						
13						
14						
15						
16						
17						
18						
19						
20						
21						
22						
23						
24						
25						
26						
27						
28						
29						
30						
31						

ACCOUNTING LEDGER

Month: ______________ Sheet Number: ______________

No.	Date	Account	Memo	Debit	Credit	Balance
1						
2						
3						
4						
5						
6						
7						
8						
9						
10						
11						
12						
13						
14						
15						
16						
17						
18						
19						
20						
21						
22						
23						
24						
25						
26						
27						
28						
29						
30						
31						

ACCOUNTING LEDGER

Month: ____________ Sheet Number: ____________

No.	Date	Account	Memo	Debit	Credit	Balance
1						
2						
3						
4						
5						
6						
7						
8						
9						
10						
11						
12						
13						
14						
15						
16						
17						
18						
19						
20						
21						
22						
23						
24						
25						
26						
27						
28						
29						
30						
31						

ACCOUNTING LEDGER

Month: ____________ Sheet Number: ____________

No.	Date	Account	Memo	Debit	Credit	Balance
1						
2						
3						
4						
5						
6						
7						
8						
9						
10						
11						
12						
13						
14						
15						
16						
17						
18						
19						
20						
21						
22						
23						
24						
25						
26						
27						
28						
29						
30						
31						

Income & Expense

Month :

Sheet Number :

No.	Date	Account	Description	Income	Expense	Total

Income & Expense

Month :

Sheet Number :

No.	Date	Account	Description	Income	Expense	Total

Income & Expense

Month :

Sheet Number :

No.	Date	Account	Description	Income	Expense	Total

Income & Expense

Month :

Sheet Number :

No.	Date	Account	Description	Income	Expense	Total

Income & Expense

Month :

Sheet Number :

No.	Date	Account	Description	Income	Expense	Total

Income & Expense

Month :

Sheet Number :

No.	Date	Account	Description	Income	Expense	Total

Made in the USA
Monee, IL
29 May 2022

97154932R10057